그 계절이 지난 후에

동인지 참여 詩人
양상원 최선자
송운용 윤말숙

본 동인지에 실린 글은 모두 저작권이 보호됩니다.

그 계절이 지난 후에

문학동인지 【시가 있는 마을회관】

1. 눈송이 연서(戀書)* 3
2. 꽃눈 4
3. 목련의 꿈* 5
4. 청년아, 네가 봄이다* 6
5. 사월* 7
6. 이팝꽃 피면 8
7. 봄에, 나는 없었다* 9
8. 능소화에게* 10
9. 도라지꽃* 11
10. 장마다! 12
11. 골목길과 달동네* 13
12. 방황* 14
13. 수국 앞에서* 15
14. 노을* 16
15. 비요일 17

모모
윤말숙

16. 바람의 언덕*	18
17. 상사화, 그리워서 피는 꽃*	19
18. 내 어머니 울음꽃*	20
19. 12월	21
20. 초승달 뜬 밤에	22
21. 비에 대한 단상, 결핍에~	23
22. 엄마의 등	26

**모모
윤말숙**

1. 구호	32
2. 천사	34
3. 두부장사 종소리	36
4. 감사하나이다!!	37
5. 개구리 뒷다리	40
6. 꼴찌 신심	41
7. 청구서	42
8. 서비스의 신	43
9. 무상제공	44
10. 천국과 지옥	46
11. 향우회	47

**소해
송운용**

12. 해신탕	48
13. 메이커	49
14. 멸치똥	50
15. 야반도주	51

소해 송운용

1. 여름오후*	54
2. 고맙다	55
3. 어느 시인의 노래*	56
4. 어스름 저녁*	57
5. 작약의 애원	58
6. 이게 뭐라고	59
7. 가슴이 뛴다	60
8. 엄마, 빨리와	61
9. 오래오래	62
10. 설중매	63
11. 꽃길 안내	64
12. 봄을 맞으려면	65
13. 봄이 좋다	66
14. 연례행사	67

연담 최선자

15. 아름다운 사람	68	**연담 최선자**
1. 마음의 뿌리	72	
2. 봄날, 들판에 서서*	73	
3. 그 별에서 우리는*	74	
4. 봄나들이	75	
5. 벽의 후회*	76	
6. 오월의 아침*	77	**범당 양상원**
7. 비 오는 휴일의 풍경	78	
8. 그림자 일기*	79	
9. 화살의 애원	80	
10. 유언	81	
11. 장마는 조금 어둡다*	82	
12. 여정, 밀물과 썰물*	83	

모모(某某) 윤말숙

경남 함안 출생

빗소리 차암 좋다

□동인지 활동

「초겨울의 연서」동인지 등단
「꽃보다 먼저 온 봄」
「그대가 사는 마음자리」
「비 오는 날 만나요」
「그 계절이 지난 후에」

-*-*-*-*-*-*-*-*-*-*-*-*-*-*-*-*-

문학동인지 <詩가 있는 마을회관> 정회원

1. 눈송이 연서(戀書)*
2. 꽃눈
3. 목련의 꿈*
4. 청년아, 네가 봄이다*
5. 사월*
6. 이팝꽃 피면
7. 봄에, 나는 없었다*
8. 능소화에게*
9. 도라지꽃*
10. 장마다!
11. 골목길과 달동네*
12. 방황*
13. 수국 앞에서*
14. 노을*
15. 비요일
16. 바람의 언덕*
17. 상사화, 그리워서 피는 꽃*
18. 내 어머니 울음꽃*
19. 12월
20. 초승달 뜬 밤에
21. 비에 대한 단상, 결핍에~
22. 엄마의 등

눈송이 연서(戀書) / 윤말숙

하늘의 경계를 지우는 눈

시간마저 얼어붙은 바닷가
악다구니 치는 바람 소리
파도 소리마저 뚫고

어느새 몰래 내려와
저 혼자 곁에 섰는
너의 향기

내게 주어진 시간들이
서럽게도 아파서

휘이이,
그 이름 불러보다
애달픈 연서 한 장을 쓴다

결정 선연한 엽서 하나
입김 불어 부친
눈송이 연서(戀書)

주소 없이 띄워도
아득히 먼 그대에게 가 닿기를

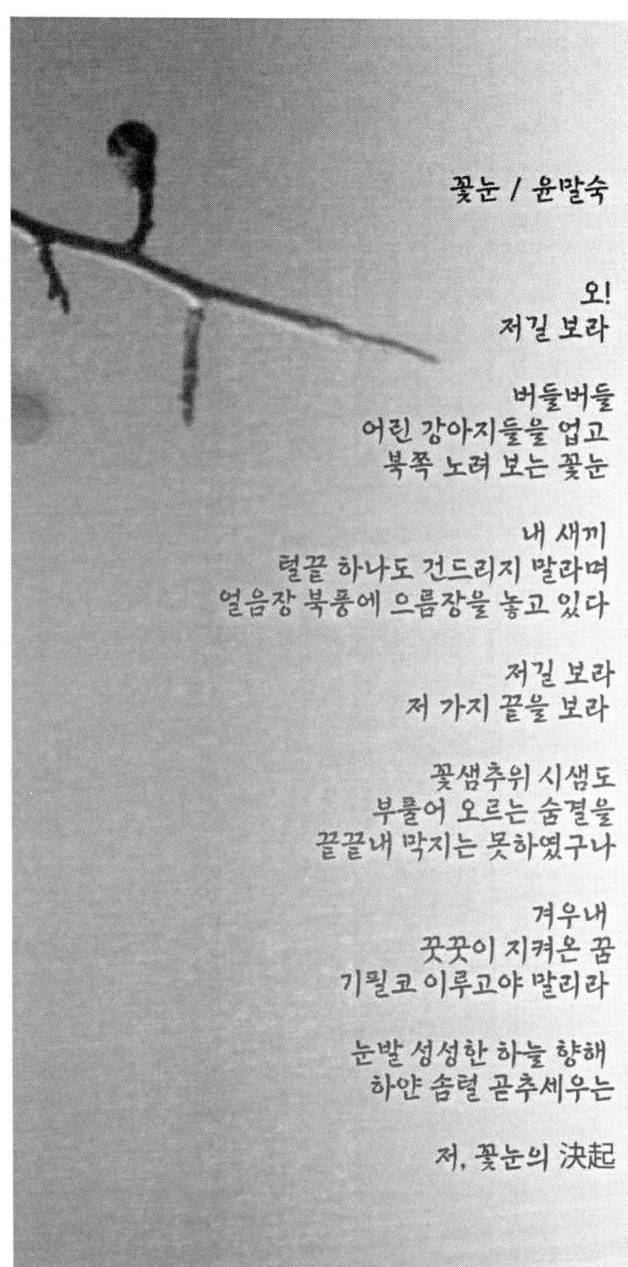

꽃눈 / 윤말숙

오!
저길 보라

버들버들
어린 강아지들을 업고
북쪽 노려 보는 꽃눈

내 새끼
털끝 하나도 건드리지 말라며
얼음장 북풍에 으름장을 놓고 있다

저길 보라
저 가지 끝을 보라

꽃샘추위 시샘도
부풀어 오르는 숨결을
끝끝내 막지는 못하였구나

겨우내
꿋꿋이 지켜온 꿈
기필코 이루고야 말리라

눈발 성성한 하늘 향해
하얀 솜털 곤두세우는

저, 꽃눈의 決起

목련의 꿈 / 윤말숙

별이 될거야

겨우내
꽁꽁 얼었던 빗장 풀고

몽글몽글
솟구치는 나를 그냥 둘 거야

바람 하나
눈 맞으면 러져버릴 나

보는 이들 눈 멀게
눈부신 별이 될거야

그리고,
너의 봄 밝히는

수줍은 꽃등이 될거야

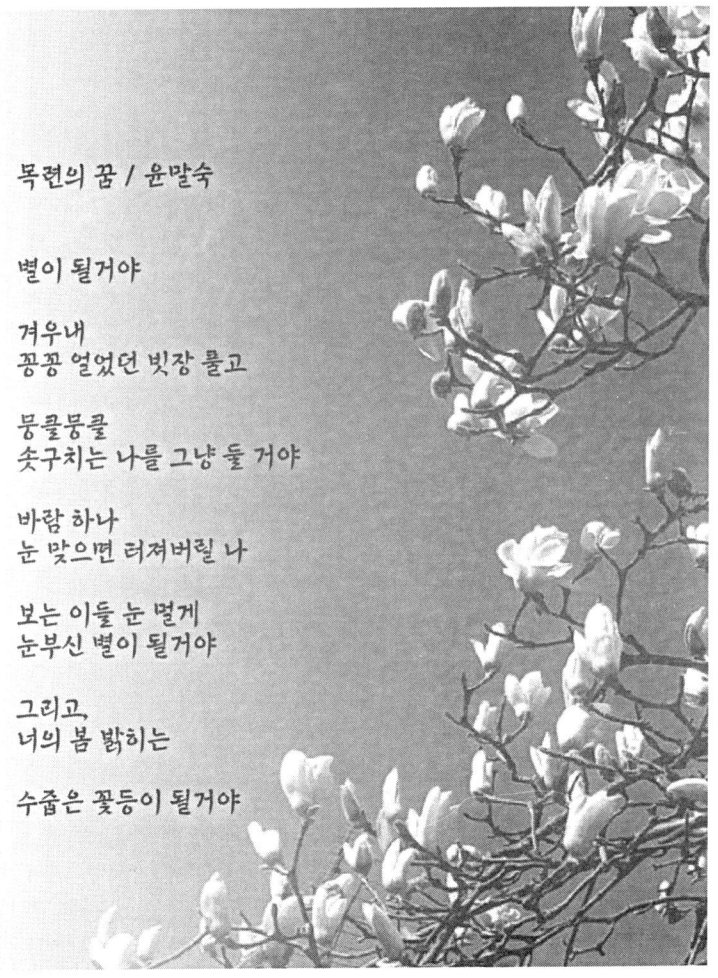

청년아, 네가 봄이다 / 윤말숙

얼음 칼날 하나
가슴 어디쯤 품고 있을 것 같은

너의 얼굴에
햇살 한 줌 비추던 날

나는 보았다

바람의 뼈를 발라
메마른 대지에 꽂고

그윽하고 보드랍게
올려다보는 너의 눈빛을

봄볕 견디다 못해
룩룩 러진 벚꽃들

뻥이요 외침도 없이
공중에다 튀밥 쏟아내던 날

새벽 두 시,

잠들지 않고 견디는
길모퉁이 편의점 불빛 따라

가라앉지 않으려
힘껏 저어왔을 조각배 하나

고단한 돛을 접고
플라스틱 의자에 텀벙 닻을 내린다

차가운 겨울 아린 속에서도

잘 참아냈구나
잘 견뎌냈구나

가던 걸음 멈추고 눈길 주는 청년아!

너의 봄이다
네가 봄이다

사월 / 윤말숙

풀
꽃
길
나무
그리고

저 강물 위로
봄이 물감처럼 스몄다

눈부시게
싱싱한
사월

그 아래
봄 볕에 취해
봄 향기에 취해

어디
눈먼 사랑
늙어도 좋으니

꿈꾸어 보고 싶다
설레어 보고 싶다

이 계절 다 가기 전에

이팝꽃 되면 / 윤말숙

매화 꽃잎
떨어지자 떠난 님
이팝꽃 되면 오실까

하이얀 쌀밥
장독대에 올려놓고
빌고 또 비는 마음 아는지

황사 바람에도
순하디 순한 잎새
쫑긋쫑긋 돋아나더니

오월 오기도 전
부푼 가슴 망울망울
설레임 되어 맺혔다

꽃바람 타고 온다는
님 소식 들었나

눈물 펑펑 쏟으며
흰 쌀밥 고봉으로 짓고 있구나

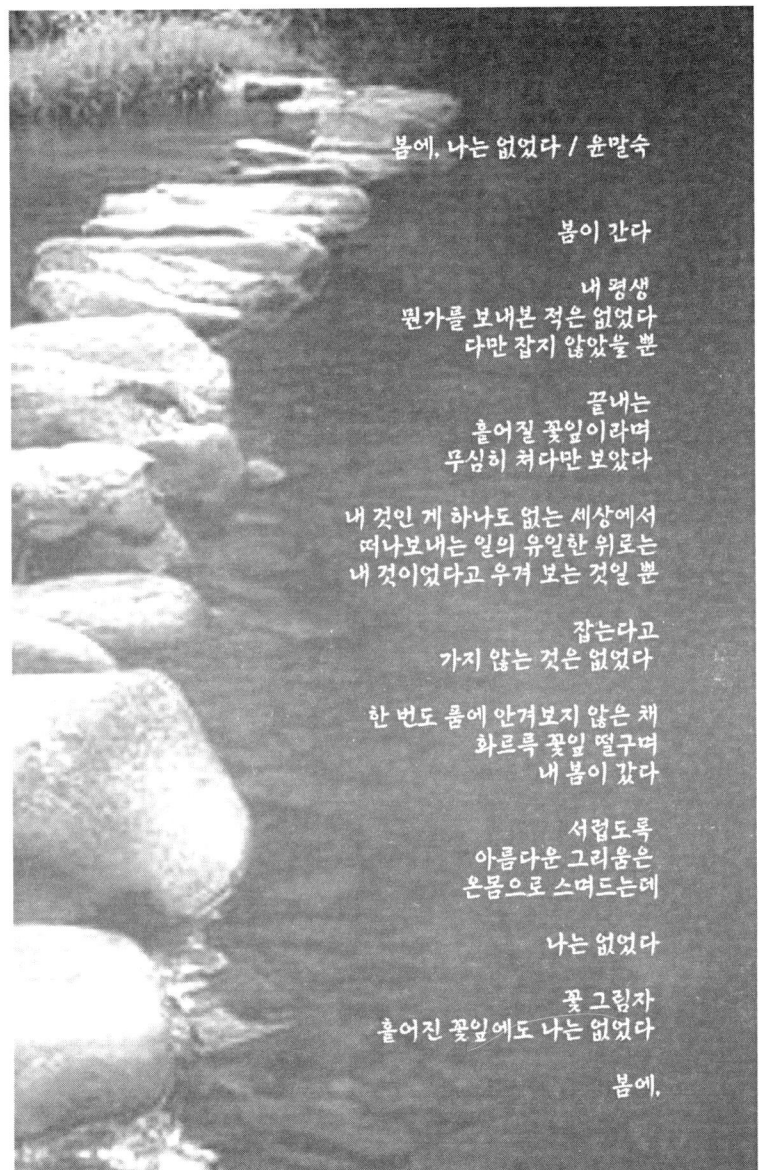

봄에, 나는 없었다 / 윤말숙

봄이 간다

내 평생
뭔가를 보내본 적은 없었다
다만 잡지 않았을 뿐

끝내는
흩어질 꽃잎이라며
무심히 쳐다만 보았다

내 것인 게 하나도 없는 세상에서
떠나보내는 일의 유일한 위로는
내 것이었다고 우겨 보는 것일 뿐

잡는다고
가지 않는 것은 없었다

한 번도 품에 안겨보지 않은 채
화르륵 꽃잎 떨구며
내 봄이 갔다

서럽도록
아름다운 그리움은
온몸으로 스며드는데

나는 없었다

꽃 그림자
흩어진 꽃잎에도 나는 없었다

봄에,

능소화에게 / 윤말숙

기다림이 짙어
붉게 타버린 가슴

담장 너머
언뜻 스치는 그림자에도
까치발보다 먼저 서는 그리움

오래된 미래 속
님을 만날 수 있다면
폭양 속 홍등을 띄우리라 했던가

더는 기다리지 마라

빗길에 밀려드는
떨어진 이야기들은 이미
그대를 벗어난 것이니

흘러간 것에 마음 두지 마라

떨어져 뒹군다고
떠난 사랑이
되돌아오지는 않을 테니

눈먼 가슴으로
아프게 울지언정
온몸 던져 자멸하지는 마라

그대여,

도라지꽃 / 윤말숙

검은 바위가 있는
비탈진 밭 한 귀퉁이에
도라지꽃이 있었다

뜨겁던
여름의 태양 아래서도
보랏빛 벙글은 그 꽃이 좋아

엄마의
치마자락을 움켜쥐고
곧잘 따라 나서곤 했었다

별꽃이 되기 전
잔뜩 부풀어 오른
꽃송이를 터트리는 즐거움

오각형 별꽃 같은
도라지꽃이 좋았다

하얀 차돌 박힌
검디검은 바위에 앉아 바라보던
이른 아침 물기 머금은 엄마 같은 꽃

수건 깊게 말아 쓰고
마른 어깨와 하이얀 수건만
밭고랑 사이로 간혹 내비치던

젊은 날
내 엄마를 닮은 꽃,

도라지꽃이 참말로 좋았다

장마다! / 윤말숙

구름 위 하늘 세상에
뭔 일이 난 게 틀림없다

그렇지 않고서야
하루 이틀도 아니고 열흘 가까이를
이리 슬피 울어댈 까닭이 있겠나

구름 밑 사람 세상에선
도무지 알 턱 없는
애도 기간인 게지

꽃잎을 오므리며 합장하는 꽃들과
저처 없는 들짐승들은
숨죽이며 애도를 표하고

물 밑 세상 용왕님이
올려보낸 위로의 조화인 양
빗속 연꽃 저 혼자 수려하다

번쩍이는 격정의 순간
장대비의 울부짖음

그 한 켠
좁은 등을 들썩이며 돌아선
후줄근하게 젖은 한 사람,

장마다!

골목길과 달동네 / 윤말숙

앞서가는
오후 햇살 따라

수도국산 자락
조붓한 옛길로 들어서면
늙은 어깨를 기댄 지붕들이
하늘을 이고 있다

비탈에 제 키를
낮추며 앉은 집들 사이
떠나지 못한 예술혼이 골목을 휘감아
뚜벅뚜벅 나그네를 부르는 동네

북적거리던 책방 골목의
옛 영화는 어디로 갔을까

낡은 등을 맞대고 묶인 책들과
등 굽은 노파가
정물처럼 늙어가는 골목길

오래 묵어 숙성된 책향기 속
주인 잃은 집 담장엔
기다림에 지친 능소화만 서럽게 피었다

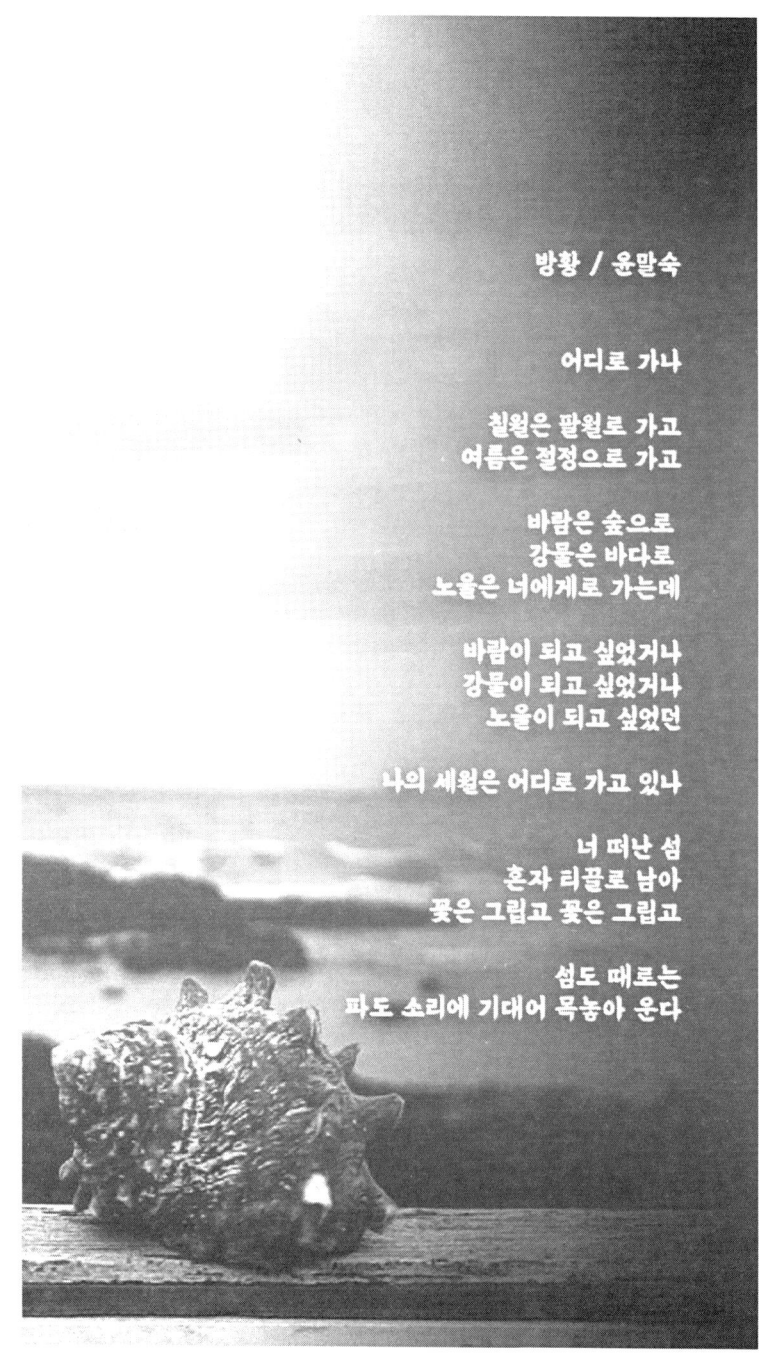

방황 / 윤말숙

어디로 가나

칠월은 팔월로 가고
여름은 절정으로 가고

바람은 숲으로
강물은 바다로
노을은 너에게로 가는데

바람이 되고 싶었거나
강물이 되고 싶었거나
노을이 되고 싶었던

나의 세월은 어디로 가고 있나

너 떠난 섬
혼자 외꼴로 남아
꽃은 그립고 꽃은 그립고

섬도 때로는
파도 소리에 기대어 목놓아 운다

수국 앞에서 / 윤말숙

태어난 땅이 인종을
분별하던 시대는 끝났다

뿌리 닿은 땅
작은 성분 차이로
혼혈을 낳는 수국의 개화를 보라

한 송이 속
다른 색의 꽃잎을 낳고도
이국의 종자가 아님을 알리는

당당하게 피어 더 아름다운
수국의 저 유연함을

인종 다른 이민자라고
어린 소년에게도 총질하는
인간들에게

어울리지 않는 것들이
어울려 사는 게 세상살이임을

수국은 온몸으로 말하고 있다

한 가지 위에서
몽글몽글 너그럽게

노을 / 윤말숙

어찌 이리 고운 것이냐

대바구니 들고
나물 캐러 간 언니들은
해 질 녘까지 돌아오지 않았다

해찰하는 동생들을
떨구고 간 언니들이 돌아오지 않자
어머니들 속이 타서 문밖을 서성였지

그날 언니들은
산 위에 걸린 노을에 홀려
산을 넘고 또 넘었단다

발라당 뒤집어진
가시나들
나물 바구니에 해는 없었다

노을빛 물든
발그레한 얼굴에
아련한 그리움만 묻어 있을 뿐

아마도
오늘 같은 날이었을 게다

저리 고운 빛을 보고
가다 서다 가다 서다
들을 지나 산을 넘고 넘었겠지

어린 딸들의 변명에
빙긋이 웃기만 할 뿐
할미도 어미도 눈을 흘기지 않았다

고운 것 앞에
모두 한통속이 되었던 게지

비요일 / 윤말숙

또옥 뚝 빗소리
어서 나오라 꼬드기고

토닥이는 빗소리
그만 참아라 가라앉힌다

비 냄새 맡은 우산처럼
마음밭 부산한 날

가로수는 바람에 산발이고
놀이터에 광고지 한 장
모랫바닥에 종일 춤춘다

젖은 하늘은
낮은 비행기 소리를 안고
걸 걸 걸 기어가고

빗소리가 삼켜버린
해님은 오늘 공휴일

바람이 숲을 몰고 간다
강이 산을 끌고 간다
물밑 같은 침묵이 내린다

일렁이는 마음 고랑도
다림질한 광목처럼 펴지는 날

바람이 몰고 간
숲의 빈자리를 비 그림자가 덮는
헐렁하게 쓸쓸한

내 오늘은, 비요일

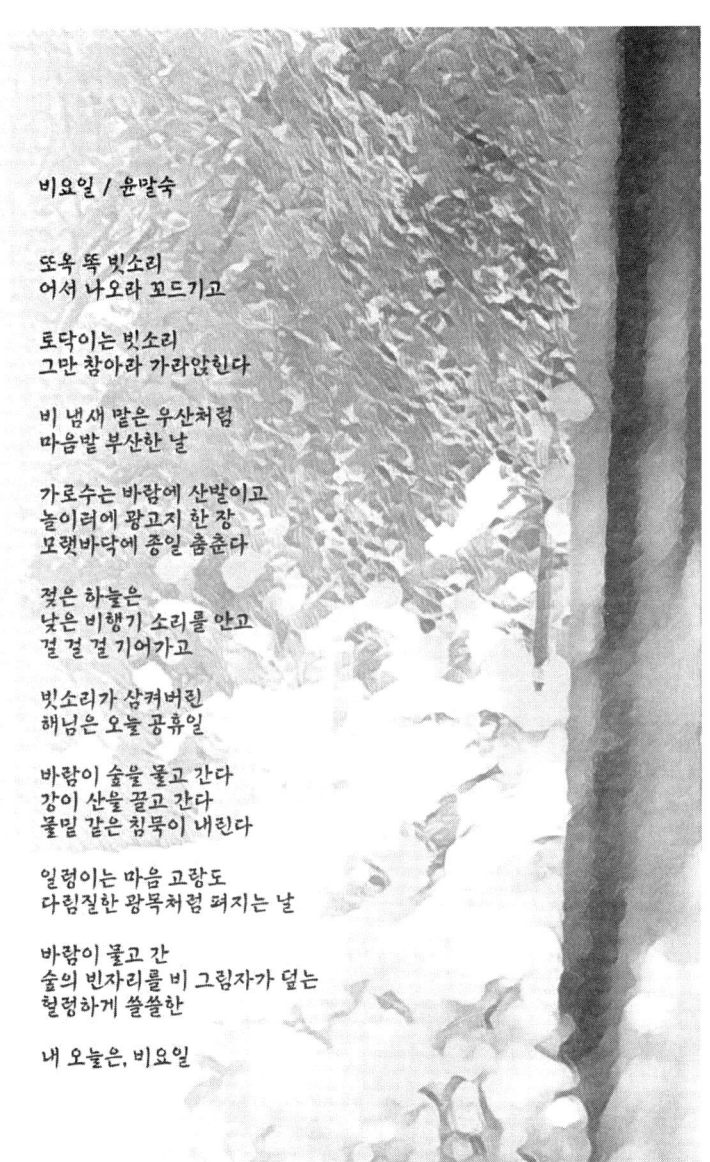

바람의 언덕 / 윤말숙

산이 바다가 되는 곳
바람이 파도가 되는 곳

구름 위 가부좌 튼
천 년 고찰의 고즈넉한 풍경소리

시원(始原)의 산맥을 치달아 오른
청량한 바람이 빚어놓은
초원의 하얀 손인사

하늘을 향해
달려나가는 시간의 길

바람의 언덕이라 했던가

머물 수 없어
그리움도 미련도
훌훌 벗어던지는 곳

정처 없는 삶이
어디 인간의 전유물이랴

세상 모든 것들이
떠나지 못해 머물고
머물지 못해 떠나거늘

멈춤도 흔들림도
모두

바람의 유전자가
뼛속 깊이 흐르기 때문

그래,
여기는 바람의 언덕

상사화, 그리워 되는 꽃 / 윤말숙

저 깊은 속을 누가 알까

만난 적도 없는 이별에
땅끝에서 정수리까지
솟대처럼 서 있는
뜨거운 바늘 끝 속내를

앙상한 줄기 끝
긴 촉수 곧추세워
오지 않을 임 기다리는
별리의 아픈 마음을

어느 억겁의 한 전생
우리 아프게 사랑했을까

애틋하게 사랑하다
마주 잡아 끝내
울어보지 못하고

봄 가을
따로 불쑥불쑥
뜨겁게도 키만 세운다

12월 / 윤말숙

미틈달의 쓸쓸함을 덮고
한 해의 마디에 매듭을 짓는 달

구새 먹은 가지 끝 바람이 울면
플플대는 나뭇잎 아래
겨울의 군불을 지피는 달

심장이 마지막 고갯길을
서성이는 방랑의 날에

버스도 기차도 서지 않는
치닫는 감정의 과속 구간
끄트머리쯤 거기

빌어먹을 슬픔이
마른 잎처럼 목구멍을 넘어가는
씁쓸한 열두 달의 종착지

하지만,

고향 집 낡은 시렁에 쌓인
익히고 붉힌 생명의 끝불에
달달한 위로를 받는 달

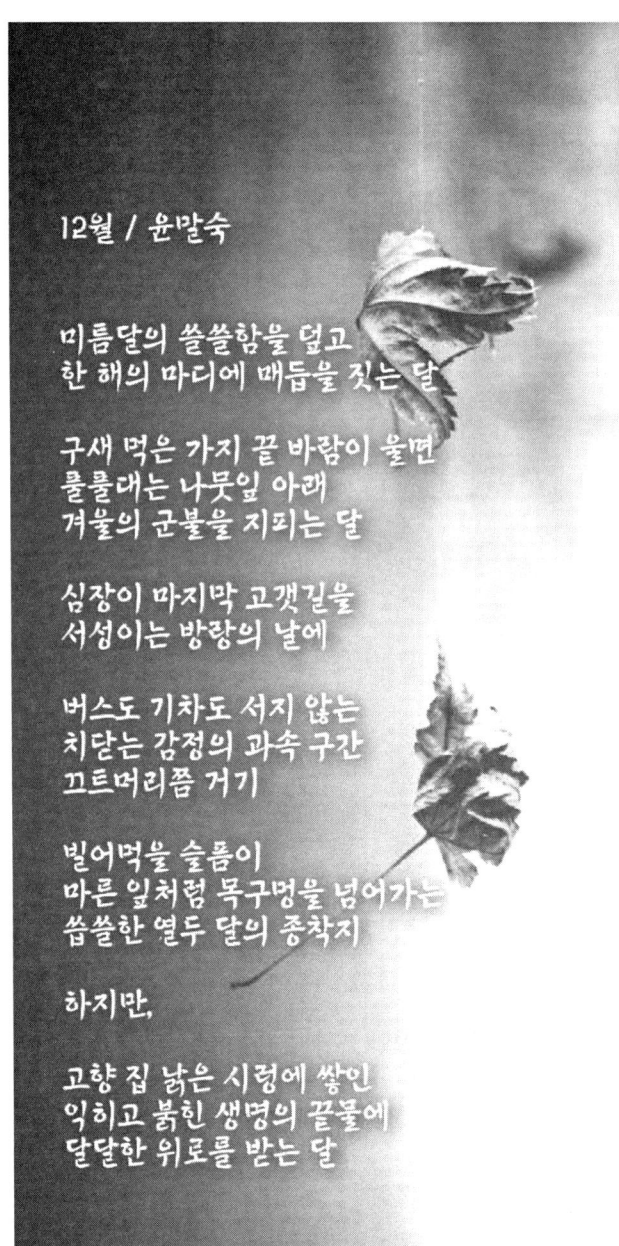

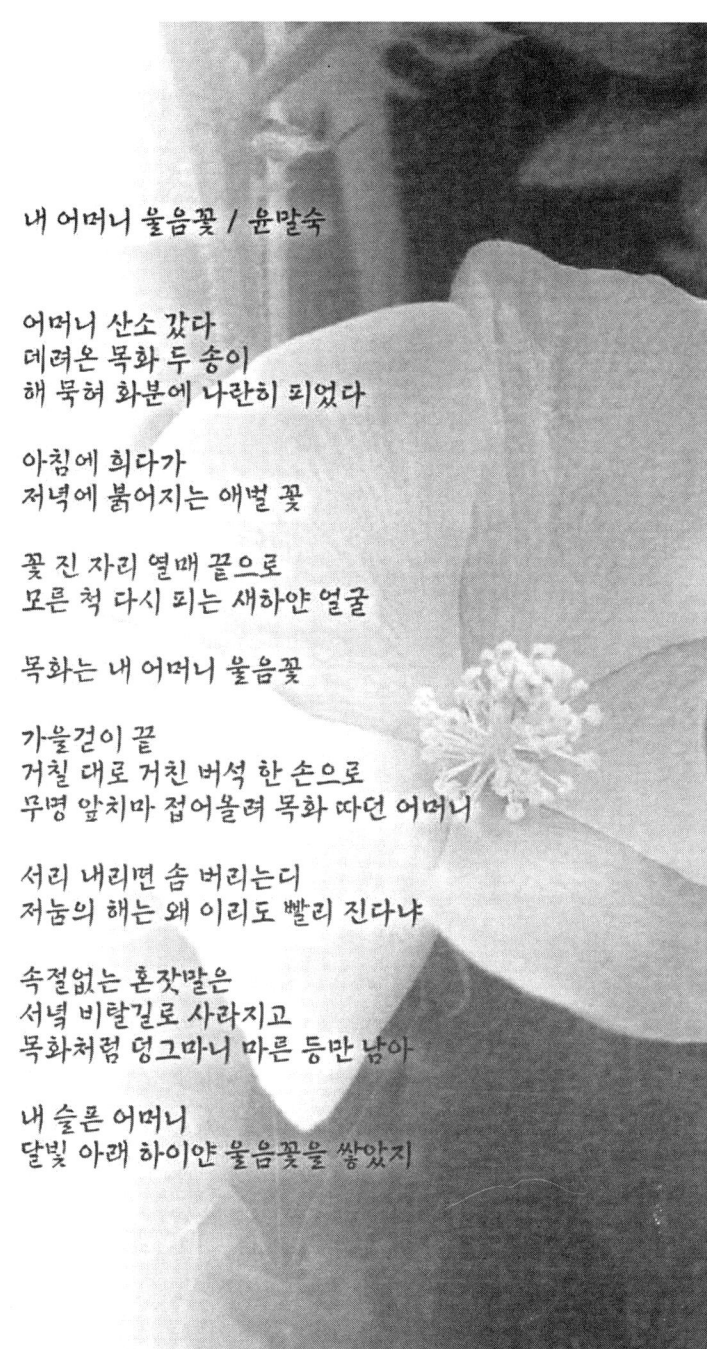

내 어머니 울음꽃 / 윤말숙

어머니 산소 갔다
데려온 목화 두 송이
해 묵혀 화분에 나란히 피었다

아침에 희다가
저녁에 붉어지는 애벌 꽃

꽃 진 자리 열매 끝으로
모른 척 다시 피는 새하얀 얼굴

목화는 내 어머니 울음꽃

가을걷이 끝
거칠 대로 거친 버석 한 손으로
무명 앞치마 접어올려 목화 따던 어머니

서리 내리면 솜 버리는디
저눔의 해는 왜 이리도 빨리 진다냐

속절없는 혼잣말은
서녘 비탈길로 사라지고
목화처럼 덩그마니 마른 등만 남아

내 슬픈 어머니
달빛 아래 하이얀 울음꽃을 쌓았지

초승달 뜬 밤에 / 윤말숙

새파란 하늘
숫돌 삼아
벼리고 벼렸나 보다

쓰윽 베일 듯
잘 갈아놓은 낫 하나
서쪽 하늘에 올랐다

내 마음
부풀어 오르고 오르면
저 푸른 낫에 마음 베일까

초승달
지붕에 걸리면 만나자던 약속
애써 외면하고 돌아서는 길

밤하늘도
내 마음 아는지
후드득 별빛 떨군다

비에 대한 단상, 결핍에 상처받지 않기 / 윤말숙

유년 시절의 난, 그다지 비를 좋아하지 않았다.
비는 결핍의 환경을 부각하는 촉매 같아서 비 오는 날의 난 괜히 더 매우 초라해지곤 했다.
비가 오는 날이면 시골집 흙 마당은 하나밖에 없는 내 운동화가 감당하기엔 너무 질퍽해졌고, 평소에도 쾌적한 주거환경을 저해하던 마당 한 편의 외양간과 거름 더미는 시각과 후각적으로 더욱 빛을 발했다.

장마철 등굣길
식구 많은 집에서 성한 우산이 나에게까지 돌아올 리는 만무했다. 우산살 녹물이 천까지 배인 누구누구네 집 기념 우산을 들고 나서는 날은 그나마 양호했다. 살이 찌그러지고 부러지거나, 매듭이 끊어져 대칭의 미를 상실한 우산을 들고 나가는 날은, 나 또한 우산과 같은 신세가 되는 기분이었다. 찌그러진 부분이 거슬려 훼손된 부분을 뒤로 두고 걷다가 아는 친구라도 만날라치면 그 시선을 피해 괜히 걸음이 빨라지고는 했던, 그즈음의 내 못난 자존심은 남루한 우산 꼭대기에서 좀처럼 내려오질 못했었다.

비 오는 날의 유쾌하지 못한 기억은 버스를 타고 등교해야 하는 중학교에 다니면서부터는 더욱 심해졌다. 비포장도로를 한참 걸어 내려와 버스 정류장에 도착해서 보면 신발은 물론 바지까지 흙탕물로 엉망이었다. 평상시엔 털털하다 여기는 나였지만, 첫 단추인 우산에서부터 어긋나 버린 구겨진 마음은 영 회복이 더뎠던 모양이다.
거기다 청명한 날도 고역이지만 비 오는 날은 그야말로 전쟁터가 되는, 통학 시간의 콩나물시루 버스에서의 경험은 결코 나와 비를 친해지게 만들지 못했다.

일단, 난 우산에 한 손을 저당 잡힌 상태로 젖은 버스 바닥의 '마찰계수'라거나 꼬부랑길의 '원심력' 같은 승객 중심의 원리는 철저하게 무시하는 버스 기사님의 두 손에 내 생살여탈권을 온전히 맡겨야만 했다.

'가속도'나 '관성의 법칙'만을 추구하는 터프한 기사님의 과도한 친절은, 좌 쏠림-우 쏠림 현상으로 한창 사춘기의 청춘들에게 자연스러운 접촉을 선사하고, 거기에 청춘들은 고음의 불협화음을 혼성합창으로 승화시켜 되돌려 보내곤 했다. 친절한 기사님이 '급브레이크'라는 색다른 서비스를 제공할 때면, 앞뒤 상관없이 '물체의 파동'이라던가 '소리의 진동'이라는 물리법칙을 몸소 체득할 수도 있었다.

'배려심'이나 '매너' 같은 고급 단어를 학습 받지 못한 철없는 남학생들의 장난까지 더해질 때면 전복(顚覆)의 공포마저 엄습해 왔다. 그리고 젖은 우산과 예측불허의 상태로 길지 않은 통학 시간이 서너 배쯤 길게 느껴질 때쯤엔 '상대성 이론'이 입에서 원망 조로 튀어나왔다.

물리 체험수업을 극적으로 마치고 버스에서 내리면 반갑지 않은 지병이 곧잘 도지곤 했다. 식은땀을 동반한 메슥거림과 울렁증, 십여 분 거리로도 멀미를 할 수 있는 내 전정기관의 우둔함에 아니 예민함에 나조차도 어이없어했던 기억이 지금도 생생하다.

비가 호감으로 돌아서기 시작한 것은 배따라기의 '그댄 봄비를 무척 좋아하나요'가 공전의 히트하던 중3 봄 무렵부터인 것 같다. 이때부터 비에 대한 내 호감도는 '호감과 비호감' 사이를 급격히 오르내리곤 했다.

그러다 결정적으로 '비가 참 좋다'로 돌아선 것은 풋사랑으로 머물고만 '남자 사람 친구'와 요샛말로 '썸 타는 사이'가 되었을 때쯤이지 싶다. 좀처럼 스킨십의 기회가 주어지지 않던 '밀당의 시기', 하늘에서 내리는 비님은 그야말로 공식적으로 밀착의 기회를 제공하는 은혜로운 오작교였다. 쿵쾅거리는 심장 소리가 들릴 만큼의 밀착된 공간,

한 우산 속 은밀한 그 공간을 공유하며 걷노라면, 한쪽 어깨가 젖어 드는 불쾌감쯤은 어느새 기분 좋은 설렘에 증발해 버리곤 했다.

아~~~!!
그런 날은 '진도 빼기(?)'에 최적의 날인데, 그때 나와 내 친구는 그 천재일우의 기회를 등신처럼 번번이 놓치고 말았다.
섣부른 행동이 '용기'가 될지 '후회'가 될지, 사랑과 우정 사이의 거리를 마음속으로 계산하느라 그도 나도 머릿속만 복잡했으리라.

이제 나에게 비에 대한 거부감은 없다. 아니, 오히려 비 오는 날을 아주 좋아한다. 비 오는 날이면 두드러지던 유년의 결핍은 내 마음속에 티끌만 한 상처의 흔적도 남기지 않았다. 옷장에는 여벌 옷이 걸려 있고, 우산꽂이엔 가족 수보다 많은 우산이 넘쳐난다.
그리고, 용도에 따른 여러 켤레의 신발이 있어서일까? 아니, 그건 내 마음이 달라졌기 때문이지 싶다. 내 우매한 자존심이 매듭 풀린 우산살로 좌지우지되지 않을 만큼 성숙하면서 물리적 결핍은 그저 조금의 불편함이 되었을 뿐이다.
살아오면서 결핍은 내 안에 인내와 의지를 낳기도 했고, 내성과 면역력을 키워 주기도 했다. 때로는 감사와 겸손을 사은품으로 받기도 했다.

오늘은 오랜만에 더위를 식혀줄 작달비가 내린다.
결핍이, 그것을 이겨낸 이 땅의 모든 생명에게 어떤 상처도 남기지 않았기를….
그래서 풍성한 가을을 맞이하기를 소망해 본다.

엄마의 등 / 윤말숙

이십 년쯤 전의 일이다.
큰아들 녀석이 사고를 쳤다. 너무 화가 나서 나가라고 소리를 쳤더니 이런, 정말로 나가 버리는 것이 아닌가! 은근히 걱정이 되면서도 금방 들어오겠지 하는 생각에 모르는 척 내버려 두었다. 그런데 저녁이 다되어 주위가 깜깜해져 오는데도 아들놈은 꿩 구워 먹은 소식이다.
처음의 화난 마음은 온데간데없고 걱정에 가슴이 탔다. 아는 친구들 집에 전화를 해봐도 오지 않았다 하고, 온 동네를 이 잡듯이 뒤지기 시작했다. 그러기를 한 삼십분 남짓, (나에게는 그 시간이 몇 시간은 된 것 같았다.) 저 쪽 무궁화동산에서 아이가 보였다. 무사한 아이를 만나면 꼭 안아주고 미안하다는 말을 해주려고 했는데, 정작 아무 일 없었다는 듯 태평한 아이를 보니 화부터 치밀어 올랐다.
"너 이 녀석, 지금 시간이 몇 시야?"
놀라서 움찔하는 아들녀석의 머리통을 한 대 '콩' 쥐어박았다.

어렸을 적 나에게도 이런 경험이 있었다.
초등학교 1학년, 심통 부리며 앞서가던 이십 년 전 그때의 아들 녀석보다 두 살이 더 어렸을 때의 일이니 벌써 40년도 훌쩍 지난 일이다.

우리 집은 시골이라 내가 학교를 파하고 집에 오면 엄마는 늘 논으로 밭으로 일 나가시고 없으셨다. 여름방학이 되어도 그건 마찬가지였다. 그런 내게 여름밤의 수박서리나 더운 낮의 물장구보다 더 재미난 소일거리가 생겼다. 바로 텔레비전이 생긴 것이다. 한창 새마을운동으로 농촌이 살만 해졌다고는 해도 그 산골에서 텔레비전은 한 동리에 하나 보기 어려운 시절이었다. 비록 큰오빠가 쓰던 중고 흑백 TV이긴 했지만, 바로 그 텔레비전이 우리 집에 생긴 것이다.

더운 한 낮의 열기가 조금 사그라들만 하면 나는 텔레비전 앞을 지킨다. 다른 아이들이 그냥 들어올까봐 대문도 걸어 잠근다. 아이들이 하나씩 대문을 두드리고, 주전부리로 삶은 옥수수며 감자며 뇌물(?)을 갖다 바쳐야 텔레비전 앞을 내어준 그때의 나는 참말로 밉상이었을 것이다.

그러던 어느 날 텔레비전에서 한 콘센트에 여러 전기코드가 같이 꽂혀 있으면 위험하다는 방송이 나왔다. 그 방송을 보는 순간 나는, 전기 코드를 하나 쑥 뽑아 다른 콘센트에다 냅다 꽂았다. 그런데 이게 웬일인가! 금쪽같은 내 텔레비전에서 갑자기 연기가 '펑'하고 솟더니 화면이 사라져 버리는 것이었다. 나중에야 알게 된 사실이지만 텔레비전 전압은 110V인데, 내가 꽂은 콘센트는 220V였던 것이다.

덜컥 겁이 났다. 해거름이라 엄마가 금방이라도 저 대문으로 쓱 들어오시면 혼쭐이 날 건 뻔한 일, 사뭇 걱정이 일기 시작했다. 시간이 흘러갈수록, 생각을 하면 할수록 점점 가슴은 두방망이질 치기 시작했다. 하지만 어쩔 것인가? 이미 텔레비전은 펑하고 타버렸고, 나에게는 엄마에게 매맞을 일만 남은 것을....

도리가 없었다. 줄행랑을 치는 수밖에는.
대문이고 뭐고 신발을 벗어 들고는 논둑길을 무조건 달렸다. 달리다 보니 윗동네 배씨네 제실(祭室)에 다다라 있었다. 설상가상 해가 설핏할 무렵부터 일던 먹장구름이 빠르게 흐르며 짙어지더니 기어이 굵은 빗줄기를 뿌려대기 시작했다. 얇은 여름옷은 금방 젖어들고 몸이 으슬으슬 해왔지만 속수무책, 제실 처마 밑에 웅크려 비가 그치기를 기다렸다. 그러나 갈수록 빗줄기는 더 거세지고 어둠은 깊어 갔으며, 그 와중에 배고픔도 심해졌다. 점점 한기가 들기 시작했다. 문을 열어 보았다. 자물통이 채워져 있어 삐걱 소리만 나고 열리지는 않았다. 나는 대문 문설주에 기대 웅크리고 앉았다. '펑'하고 연기가 치솟던 텔레비전과 엄마의 화난 얼굴이 아슴하게 갈마들었다. 추위와 배고픔 때문이었을까? 깜빡 잠이 들고 말았다. 얼마나 지났을까, 섬뜩한 기운에 눈이 번쩍 뜨였다. 빗줄기는 한풀 꺾여 가랑비가 되어 있었지만, 눈 아래 동리의 불빛은 거의 꺼져 어둠이 깊어져 있었다.

집으로 향했다. 엄마에게 혼날 때면 언제나 등 뒤로 숨겨 주시던 아버지에게 한 가닥 희망을 걸고 터벅터벅 걸음을 옮겼다. 그런데 문제는 이제부터였다. 집엘 가려면 고개 한 켠에 있는 왕소나무(이 소나무에는 도깨비가 나온다는 전설이 있다.) 곁을 지나야 하고 재작년에 서너 살배기 여자아이가 빠져 죽은 연못도 지나야 하는 것이다. 이런 밤에 그 길을 혼자 지나야 한다는 생각에 머리끝이 쭈뼛 서고 오금이 저려 왔다. 다른 때 같았으면 큰 소리로 노래라도 불렀으련만 한기로 잔뜩 굳은 입술은 노래가 되어 주질 못했다. 신발을 양손에 나눠 쥐고 앞만 보고 내달렸다.

한참을 달리다 보니 왕소나무를 지나쳤다. 숨을 고르며 생각하니 여자아이가 물귀신이 되어 나온다는 그 연못을 지날 일이 더 걱정이다. 되돌아가고 싶은 마음이 굴뚝같았지만, 돌아간들 별 뾰족한 수가 없다 싶어 큰 숨을 한 번 들이쉬고 다시 냅다 뛰기 시작했다. 누군가 내 발을 잡아당기는 느낌에 등허리가 서늘해지고, 오직 내 발소리와 숨소리만이 사방에 진동했다. 저 앞에 당산나무가 보였다. 안도의 한숨이 나왔다. 한데 방심했음일까! 다음 순간 온 몸이 얼어붙고 말았다.

"푸드드득"
논가 방죽에서 뜬금없는 검은 물체들이 하늘로 치솟았다. 순간 피는 얼어붙고 오금은 저려 한 발짝도 뗄 수가 없었다. 얼마나 시간이 흘렀을까, 겨우 정신을 수습하고 다시 보니 내 발소리에 놀란 오리떼들이 일시에 공중으로 날아오른 것이었다. 다시 후들거리는 다리를 억지로 끌며 집으로 향했다.

그 때였다. 깜깜한 당산나무 아래에서 검은 그림자 하나가 이쪽을 향해 다가왔다.
"말이냐(가족들은 항상 나를 '말이'로 불렀다.), 엄마다!"
털썩 주저앉고 말았다. 분명 엄마의 목소리였다. 엄마는 주저앉은 내게 다가와 말없이 꼬옥 안아주셨다.
"아~~~~앙"
울음이 터지고도 한참을 꺼이꺼이 울먹임이 멈추질 않았다. 엄마는 비와 땀에 젖은 내 머리를 연신 쓰다듬으며
"니 오빠가 글카는데 테레비는 부속만 하나 갈면 된다 카드라."
나는 그만 맥이 풀리고 말았다. 주저앉아 맥을 놓고 있는 나에게
"우리 막둥이 오랜만에 엄마가 함 업어줄까?"
하고 엄마는 등을 내미신다. 화를 내시기는커녕 오히려 나를 위로하며 집까지 업어주시던 그 따뜻한 등에서 나던 비릿한 엄마의 냄새, 그 푸근한 냄새를 지금도 맡을 수 있을 것 같다.

세상에 나 혼자인 것만 같던 외로움과 무서움도 엄마의 등에 업혀서는 눈 녹듯이 녹아 버렸었는데, 난 아이에게 너무 부끄럽다는 생각이 들었다. 옹졸하게 사소한 일로 아이에게 상처나 주고, 또 그 옛날 내 엄마가 그랬던 것처럼 아이에게 따뜻한 등을 내밀지도 못했다. 몇 시간이나마 밖에서 외로이 방황했을 아이에게는 엄마의 따뜻한 품이, 말 한마디가 더 없이 간절했을 텐데도 말이다.

맥없이 고개를 떨어뜨린 채 저만치 앞서 걸어가는 아들 녀석의 손을 가만히 잡았다.
"엄마 아들, 엄마가 오랜만에 함 업어줄까?"
세 아이의 엄마로 삶에 지치고 힘들 때마다, 또 세상의 거친 강을 하나씩 건널 때마다 그 날 엄마의 따뜻했던 등을 떠올렸다. 그렇기에 나 또한 내 아이들에게 생각만으로도 위로가 되는 그런 엄마가 되어주고 싶다.

소해(笑海)송운용

경북 영주 출생

☐ 개인시집 출간
제1권 「그리하면 안 될까요」(2014)
제2권 「행복했던 순간」(2016)

詩 동인지 총29권 발간에 참여

* 시가 있는 마을회관
* 수묵화 계절
* 달과 허수아비
* 초겨울의 연서
* 그런 날이 있습니다
* 꽃보다 먼저 온 봄
* 봄날 소식이 없거든
* 작달비
* 그대가 사는 마음자리
* 들국화 피는 언덕
* 겨울안개 속으로
* 언제나 안녕
* 봄꽃 이별 즈음에
* 마음의 무게
* 그대에게 갑니다

* 가을의 길
* 시를 좋아하는 그대에게
* 봄을 물으면 꽃이라 말하리
* 그리움의 여정
* 마음에 심은 나무
* 봄으로 가는 열차
* 비 오는 소리
* 사색의 공존
* 봄의 답장
* 그 길에 들꽃이 있었네
* 비 오는 날 만나요
* 멀어지는 것들에 대하여
* 봄날 창가에 앉아
* 그 계절이 지난 후에

문학동인지 <詩가 있는 마을회관> 정회원

1. 구호

2. 천사

3. 두부장사 종소리

4. 감사하나이다!!

5. 개구리 뒷다리

6. 꼴찌 신심

7. 청구서

8. 서비스의 신

9. 무상제공

10. 천국과 지옥

11. 향우회

12. 해신탕

13. 메이커

14. 멸치똥

15. 야반도주

1. 구호 / 송운용

지난 토요일, 주일 이틀간
청주교구 연수원에서 노인행복 피정
강의실 들어갈 마다 외치는 구호

하느님, 저는 행복합니다.
하! 하! 하! 하!
감사합니다.

그리고 식당에서 식탁에 앉아
식사 전 기도 다음 외치던 구호

잘 먹겠습니다.
하! 하! 하! 하!
감사합니다.

또 식사 후
기도 다음 외치던 구호

잘 먹었습니다.
하! 하! 하! 하!
감사합니다.

처음엔
얼마나 쑥스럽던지
하! 하! 하! 하!

그런데
자꾸자꾸 하다 보니
쑥스러움은 사라지고

행복하고 감사함이
샘물처럼 퐁퐁퐁
폭포수처럼 콸콸콸
솟아나고 터져 나오더군요.

그렇더군요!
하고 싶은 말
가슴에 묻어만 두지 말고 표현하고
크게 크게 외치면 정말 행복해지고
감사가 넘치는 삶이 되리라 믿습니다.

행복합니다.
감사합니다를
앞으론 남발해보렵니다

하느님, 저는 행복합니다
하! 하! 하! 하!
이렇게

2. 천사 / 송운용

천사는 하늘에만 있다 생각하는데
아니다 땅에도 있다.

신부님 수녀님
봉사자 선생님들

열정적으로 강의하시고
함께 노래 부르고
율동도 하고 요가도 하고

강의시간
끄덕끄덕 졸아도
"피곤하시죠?"

노래박자 틀려도
"참 잘 하셨어요"

요가 시간에 뻣뻣한 몸
엉터리로 따라 해도
"나름대로 잘 하시네요"

혼내지 않으시고
칭찬 칭찬

"불편한 것 없으세요?"

노인행복 피정 내내
칭찬해주고 도와주고
보살펴주고 힘을 주신다.

이런 분들이
천사가 아니라면
그 누가 천사일까!

3. 두부장사 종소리 / 송운용

"딸랑 딸랑 딸랑...!!"
두부장사 종소리

일어나실 시간이예요
식사하세요
강의 시간이예요

휴식시간이예요
간식드세요
약 드실 시간이예요

안녕히 주무세요

노인행복 피정
일박 이일 내내
"딸랑 딸랑 딸랑...!!"

두부장사 종소리
울려퍼지면

사람 사람들
얼굴엔 행복의
웃음꽃 피어난다

4. 감사하나이다!! / 송운용

"지금, 밤 고개로 가고 있답니다."
아내의 메시지

오지 말라 했는데
안와도 된다고 했는데 온대요 글쎄

노인행복 피정 마치는 날

교구 연수원
성당 미사 참례하려고 들어서는데
낯익은 여자 우리 마누라

꽃다발 안고
환하게 웃으며 다가온다

어랍쇼?
또 한쪽에서 박수소리
축하의 함성

우리 성당 수녀님 사무장님
교우 자매님들까지 오셨네

"축하드려요, 베드로 어르신"
또 꽃다발을 안겨준다.

미사 드릴 때
하느님과 성모님께 감사를,
두 손 모아 감사의 기도를 드렸다.

신부님의 강론
축하의 말씀
수료증 수여

일박 이일 간
극진한 대접받은 것만으로도
넘치고 넘쳤고 호강 요강 했는데
내가 뭘 했다고 이리 축하들 해주시나

예전초등학교 졸업하던 날
친구들은 엄마 아빠 온가족들이
꽃다발 안겨주고 축하들 해주는데

우등상 6년 개근상
상품 한 아름 안고도
울지 않으려고 입술 꼭 깨물고
속으로 속으로 달구똥 같은 눈물 흘렸었는데

오늘은
수십 년 지난 오늘은
난생 처음 수료증 받고
꽃다발 받고 박수도 받고

이런 이런
이런 행복이 어디 있을까
말 그대로 행복피정이었다

나중에
나아중에 천국 들어가는 날도
오늘 같으리라

"베드로야 수고 많았다"
하느님께서 우리 하느님께서
두 팔 벌리고 환하게 웃으시며
버선발로 맞아 주시리라

아아, 생각만 해도 가슴이 벅차오른다.

하느님과 모든 분께 드릴 나의 말씀은
'고맙습니다'
'감사하나이다'
그 한마디 뿐

"감사하나이다!!"

5. 개구리 뒷다리 / 송운용

자 자 자~
찍습니다.
웃어요!
개구리 뒷다리!

개구리 뒷다리?
언제부터 메뉴가 바뀌었지

치즈 김치
이번엔 개구리 뒷다리

치아가 보이면
웃는 모습

웃으면 예뻐져요
예쁜 모습 담아야지

만날 천날 웃으면 없어도 되지
치즈 김치
개구리 뒷다리

웃자 웃어
안되면 외치자
그냥

치즈 김치
개구리 뒷다리!!

6. 꼴찌신심 / 송운용

"어머니, 안나가 왔습니다"
백발, 구순의 안나 할머니
성모님 상 앞에서
두 손 모으고 땅에 닿도록
허릴 구부리신다

이번에는 성당에 들어가서
제대 감실 앞 바닥에 오체투지 자세로
"하느님 예수님, 안나가 왔습니다"
한참을 엎드려 계신다
성당 언덕을 내손 잡고 오를 때
가쁜 숨 몰아쉬시더니

그 모습을 바라보며 울컥 눈물이 나려했다
그런 신심 앞에서 더 이상 무슨 말을 할까

주일미사 꼬박꼬박, 헌금도 잘하고,
교무금 밀리지 않고, 기도문 달달달 외워대며
스스로 열심히 한 신자라고 교만 떨었었지만
밀려오는 부끄러움에 고개 들지 못했다

안나 할머니의 신심은 일등신심
난 꼴찌신심

언제쯤 나는 꼴찌를 벗어나
그런 신심이 될까

7. 청구서 / 송운용

자식 하나 키우는데
8억이 든답니다.
깜놀이지요.

그런데도
청구서 내밀지 않습니다.

왜?
부모이고 자식이니까요

만약에,
정말 하느님이 우리에게 베푸신 것
청구서 내미신다면 '감당불가'이겠지요!

그런데도 청구서 내밀지 않으십니다.
부모이고 자식이니까요

하느님은
우리 부모님 우리는 자녀
그래서 행복합니다.

나의 하느님
우리 하느님
진실로 감사합니다.

8. 서비스의 신 / 송운용

하느님은요

하늘과 땅을 주셨어요.
해와 달과 별도 주셨어요.
나무, 풀, 꽃도 주셨어요.

기뻐할 때
함께 기뻐해주셨어요.

슬퍼할 때 등 두드리고
눈물 닦아주셨어요.
아파할 때 낫게 해주셨어요.

원하는 것 다해주셨어요.

그러고도
모자라 자꾸자꾸
주시는 분이예요.

하느님은요
서비스의 신이셔요.

9. 무상제공 / 송운용

"고객님, 사랑합니다."

전화통만 들면
들려오는 목소리

"사랑이 뭐길래, 사랑이 뭐길래...."
"사랑 사랑 누가 말했나..."

TV, 라디오만 켜면 흘러나오는 노래
세상은, 이 세상은
사랑이 흘러넘치는 세상이다

그런데 이상도 하지

사람들은 우리들은
사랑에 목말라하니
물고기가 목말라하듯
목말라하니

사랑이라는 단어의 인플레이션

나도 결혼 전 처음 본 여자보고
사랑한다고 했다

그 말에 홀랑 넘어
내게로 온 그 여자
지금의 내 아내다

그게 진짜 사랑이었을까
지금도 의심스럽다
나 자신도

경상도 남자는
"내 아를 낳아 도"
이러는 게
사랑 표현이라는데

아내를 초면에 사랑한다고 했으니

그 말이 곧
"내 아를 낳아 도"
"내 밥상을 채리 도"
이었다

사랑은요
'무상제공'하는 거예요
바라는 것 없이요

10. 천국과 지옥 / 송운용

천국?
지옥?
가봤냐고 물으면
대답 쉽지 않지만

확신한다
하느님 만드신 곳
천국

그럼 지옥은?
그건 인간들이 만든 곳이지

사랑 자체이신
하느님께서 만드셨을 리 만무
인간들 솜씨 만들고도 남지

지옥 건설하지 말고
천국 건설 힘써야지

할렐루야!

11. 향우회 / 송운용

와글 와글
시끌 시끌

한달만에 만나
깍깍거린다
고향 까마귀들

이날만은
타향도 고향
고향이 따로있나

이동식 고향
셀프 고향
해방 특구

들었다 놨다
들었다 놨다

경상도
머시마 가시나들
목청 하나 끝내주네

12. 해신탕 / 송운용

향우회 회식 메뉴
'해신탕'
오리고기에다
낙지, 전복,
한약재 때려넣은
육해공군

형님 두분과
나는 나는
빛나는 졸업생들

해신탕, 이거

남자한테 좋다는데
남자한테 참! 좋다는데~

13. 메이커 / 송운용

메이커! 메이커!!

남자가 여자 옷 입고
겉에다 블레이저까지 하고
발을 구르며 소리소리 지른다
남대문 시장 노점 사장님

메이커는 공장이고
유식하게 읊조리면 제조원

공장! 공장!!
이렇게 외치는 거다

그래도 한국사람 새겨듣는다.
유명 메이커 제품 명품이라고
명품을 노점에서 팔 리가 없지
뻥인 줄 알면서도 몰려든다.

사람이라는 제품 진짜 명품이다
메이커는 어디이고 누구일까?
'메이드 인 하느님'
하느님 작품이니 당연히 명품이지

이건 뻥 아니다

14. 멸치똥 / 송운용

아내가 멸치를 한 박스 사와서
같이 다듬자 한다

머리 떼어내고 똥은 발라내란다
조그만 놈 똥도 크다
아니, 똥이 아니지
내장을 사람들은 똥이란다.

작은 멸치의 고향은
넓고 깊고 푸른 바다
그 바다 맘껏 누비다가

예상치 못하게 그물에
갇혀 바둥대다가
속이 얼마나 탔으면
이렇게 새까맣게 됐을까

얼마나 무서웠을까
얼마나 속이 탔으면
새까맣게 탔을까

15. 야반도주(夜半逃走) / 송운용

없네? 없어!
마누라가
야반도주 했네

사십여 년 부부의 정
싹둑 잘라버리고

이불 싸들고 사라졌네!
오밤중에

아무리 내가 코로
자장가 좀 불러줬다기로서니
그럴 수가~

인정머리 없는
여편네야!!

연담(淵淡) 최선자

전북 순창 출생

「빛 고운 날의 풀 향기」 동인지 등단
詩 510편

詩 동인지 총32권 발간에 참여

* 빛 고운 날의 풀 향기
* 소호 문학
* 초록길 바람 따라
* 아홉 번째 약속
* 가을이 내게 손짓할 때
* 달과 허수아비
* 초겨울의 연서
* 그런 날이 있습니다
* 꽃보다 먼저 온 봄
* 봄날 소식이 없거든
* 작달비
* 그대가 사는 마음자리
* 들국화 피는 언덕
* 겨울 안개 속으로
* 언제나 안녕
* 봄꽃 이별 즈음에
* 마음의 무게
* 그대에게 갑니다
* 가을의 길
* 시를 좋아하는 너에게
* 봄을 물으면 꽃이라 말하리
* 그리움의 여정
* 마음에 심은 나무
* 봄으로 가는 열차
* 비 오는 소리
* 사색의 공존
* 봄의 답장
* 그 길에 들꽃이 있었네
* 비 오는 날 만나요
* 멀어지는 것들에 대하여
* 봄날 창가에 앉아
* 그 계절이 지난 후에

문학동인지 <詩가 있는 마을회관> 정회원

1. 여름 오후*

2. 고맙다

3. 어느 시인의 노래*

4. 어스름 저녁*

5. 작약의 애원

6. 이게 뭐라고

7. 가슴이 뛴다

8. 엄마, **빨리와**

9. 오래오래

10. 설중매

11. 꽃길 안내

12. 봄을 맞으려면

13. 봄이 좋다

14. 연례행사

15. 아름다운 사람

1. 여름 오후 / 최선자

빗방울이
바쁘게 뛰어다니더니
자동차가 말쑥해졌다

밝은 해가 번쩍 나오니
잠자리들이 좋아라
하늘을 뛰어다녔다

더러는
애쓰지 않아도
덤으로 얻고 살기도 하지

맑은 햇살에
젖은 마음을 말리며
또 다른 얼굴의 날을 맞고 있다

2. 고맙다 / 최선자

누군가 키워놓은 꽃
물 한 방울 주지 않았지만

사랑스러운 모습에
근심은 거품처럼 사라졌다

땀 한 방울 흘리지 않고
기쁨만 훔쳐 가는 것 같아

잘 보고 있노라고
눈인사라도 건네고 싶었다

한껏 날이 선 마음을
다듬어 주던 나의 스승이여

환한 웃음으로
위로해 주던 나의 벗이여

꽃이 지고 있다
잠시 묵례라도 해야겠다

3. 어느 시인의 노래 / 최선자

어려서 꿈은 소설가였으나
시를 읽는 사람이 되었고

더 커서는
시인을 꿈꿨다

시라는 도화지에
이름 모를 꽃과 나무를 그려 넣고

봄 여름 가을 겨울
계절로 허기를 채웠다

스치는 야생의 것들에
안부를 물으며

툭툭 말 걸어오는 삶을
희망으로 움틔웠다

4. 어스름 저녁 / 최선자

강렬했던 태양도
이글거리던 분노도 내려앉는 시간

사물도 흐릿해져서
알아볼 듯 말 듯

어쭙잖은 부끄러움마저
받아줄 것 같은 회색빛

달려온 자 쉬게 하고
떠나온 자 돌아가게 하는

바람도 살랑거리며
시름을 지워가는 시간

또렷하지 않아서
더 좋은 미완의 상태

5. 작약의 애원 / 최선자

나는 목단도 모란도 아니라오
아직도 모르는 이 많으니
답답하오 답답하오

당신의 눈에
똑같은 꽃으로 보여도
내 이름은 작약이라오

오늘은
어떤 이가 와서
꽃봉오리가 공 같다 하더니

꽃송이를 보고는
놀라는 표정을 지었소
이렇게 큰 꽃이 피냐고

다음에 만날 때는
내 이름을 불러주오
꼭 기억해 주오

6. 이게 뭐라고 / 최선자

오일마다 모여드는
시끌벅적한 장터에 들러

어린 모종 20개를 사고
단돈 만 원을 지불했다

마음은 들뜨고
세상이 평화롭다

7. 가슴이 뛴다 / 최선자

나뭇가지 사이로
비추이는 맑은 햇살

살갗을 간지럽히는
부드러운 실바람

앉은뱅이 꽃들 속에
올망졸망 사이좋은

민들레 꽃마리
제비꽃 냉이꽃

정다운 지저귐
새들의 노랫소리

피날레를 알리는 벚꽃잎
소리없이 꼬물거리는 연둣잎

아
나는 나는 어쩌나

8. 엄마, 빨리와 / 최선자

엄마
엄마
불러도 대답이 없다

가족 나들이
꽃 삼매경에 빠져
엄마는 지금 찰칵 놀이 중

거리는 점점 멀어지고
엄마 엄마 두 번 부르면
겨우 한 발자국

엄마
엄마
애절한 봄

꽃들은
싱글벙글
신나는 봄

에휴,
어서 어서
꽃 피는 봄이 지나야

9. 오래오래 / 최선자

남녘에는
매화가 지고 있다는데

개나리는 노랗게 피어나고
목련꽃도 하얗게 흐드러졌다

하마터면
보라색 제비꽃을 밟을 뻔했다

고단한 다리 쉬고 앉아
눈 맞춤하니 세상이 환해진다

나 다시 살아
봄을 만났구나

살아있으니
또 봄을 만났구나

인생에 겨울이 찾아온다 해도
몇 번이고 다시 봄을 기다리고 싶다

10. 설중매 / 최선자

추위에 아랑곳없이
눈 속에 피는 꽃

꽃인 듯
눈인 듯

까만 세상이
하얘질 수만 있다면

구린내 나는 세상이
향기로울 수만 있다면

꽃이라도 좋고
눈이라도 좋아라

11. 꽃길 안내 / 최선자

봄 햇살의 유혹을
뿌리치지 못하고

성급히
피었습니다

네비 켜고 오세요
벚꽃길 1번지

사람
많음 주의

12. 봄을 맞으려면 / 최선자

봄비 먹고
뽀얗게 올라온

쑥 한 번은
캐러 다녀와야지

쏟아지는 햇살을 받으며
접어두었던 유년 시절을 꺼내봐야지

쑥을 캔다는 것은
저 깊숙한 곳에 넣어둔 추억을 꺼내보는 일

어미의 마음 같은 쑥향이
구수하게 피어나는

향긋한 쑥국을
한 번은 끓여봐야지

13. 봄이 좋다 / 최선자

창문으로 스며든
햇살 한 보시기

마룻바닥에 드러누운
햇빛 한자락이 좋아 밖으로 나왔다

억새 사이로
사유하고 있는 백로

보석처럼 반짝이는 윤슬
햇살 따라 보드라워지는 마음결

봄빛이 스치는 곳마다
마법이 일어나는 것일까

봄이 좋다
꾸미거나 억지 부리지 않는

봄이
그냥 좋다

14. 연례행사 / 최선자

올해도
나팔꽃이 피었다

주인장의 무관심으로
꽃이 핀 후에야 눈맞춤을 한다

허접한 나일론 줄 하나
매달아 주었을 뿐인데

조금씩 조금씩
어느새 저만치 나아갔다

무엇을 위해
곡예사의 줄타기를 하는지

무엇을 위해
꼭두새벽부터 부지런을 떠는지

올해도
활짝 피었다

15. 아름다운 사람 / 최선자

정신없이 바쁜 출근길
주차장에 빼곡히 도열하고 있는 차

조심조심 운전을 시작하는 사이
어느새 다가온 사람

한 손에 물건을 들고서
이중주차를 밀어주는 것이 아닌가

순간 사람이 환하게 빛났다
세상이 환하게 밝아졌다

사람과 사람이
만나서 사는 세상

사람이 왜 이렇게 멋진 거야
세상이 왜 이렇게 살맛나는 거야

범당(梵堂) 양상원

전남 곡성 출생

「풍차 돌리는 정치마을」풍자유머
「하얀 들꽃」중편소설 출간
詩 560편

詩 동인지 총37권 발간에 참여

*시가 있는 마을회관
*시인의 계절
*포도주를 나르는 붉은 낙타들
*수묵화 계절
*하늘섬 바람나무
*빛 고운 날의 풀 향기
*소호 문학
*초록길 바람 따라
*아홉 번째 약속
*가을이 내게 손짓할 때
*달과 허수아비
*초겨울의 연서
*그런 날이 있습니다
*꽃보다 먼저 온 봄
*봄날 소식이 없거든.
*작달비
*그대가 사는 마음자리
*들국화 피는 언덕
*겨울 안개 속으로

*언제나 안녕
*봄꽃 이별 즈음에
*마음의 무게
*그대에게 갑니다
*가을의 길
*시를 좋아하는 그대에게
*봄을 물으면 꽃이라 말하리
*그리움의 여정
*마음에 심은 나무
*봄으로 가는 열차
*비 오는 소리
*사색의 공존
*봄의 답장
*그 길에 들꽃이 있었네
*비 오는 날 만나요
*멀어지는 것들에 대하여
*봄날 창가에 앉아
*그 계절이 지난 후에

문학동인지 <詩가 있는 마을회관> 정회원

1. 마음의 뿌리

2. 봄날, 들판에 서서*

3. 그 별에서 우리는*

4. 봄나들이

5. 벽의 후회*

6. 오월의 아침*

7. 비 오는 휴일의 풍경

8. 그림자 일기*

9. 화살의 애원

10. 유언

11. 장마는 조금 어둡다*

12. 여정, 밀물과 썰물*

1. 마음의 뿌리 / 양상원

연꽃이 핀 자리엔
꽃잎이 떨어져도

태양이 진 자리엔
꽃씨가 남았다

업보 오간 자리에
홀로 걷던 그림자는
마음 따라 그 길이가 변해도

하늘을 떠도는 별들이
제자리를 벗어나지 않듯이

봄날에 심은 꽃씨는
다시 돋아나는 것이다

2. 봄날, 들판에 서서 / 양상원

별을 향해 쏘아 올린 화살촉에
하늘을 가르며 툭 떨어지는 유성은
기억을 태워 화석으로 봉인하는 눈물일까

짙게 깔린 물안개에 밀려
길도 모른 채 낮게 떠내려가는 시냇물은
운명을 더듬어 가는 여정이었을까

차가운 동산에 뒤늦게 걸린 목련은
서산으로 기운 벚꽃 향기에 취해
밤새 청춘을 노래하고

고향에 곱게 누운 묘지에는
옛사람의 음성이
여기저기 바람결 따라 들리는데

어지럽던 마음 가지런히 고르고 나니
어느새 헤집고 들어온 공허는
누구의 심박동을 울리는 흔적이던가

3. 그 별에서 우리는 / 양상원

태초에 바람은
모양도 소리도 없었다
산이 우뚝 솟아나고
계곡을 따라 빗물이 흐를 때
비로소 소리를 내었다

처음 우리의 사랑도
소리와 모양이 없었다
'슝' 하고 불쑥 다가온 후
운명의 수레바퀴는
그제야 구르기 시작했다

서 있으면 서 있는 대로
앉아 있으면 앉아 있는 대로
모양에 따라 바람 소리를 내었다.

그 별에서 태어난 너는
바람 따라 향기만을 전하는
한 무더기 들꽃이었고

그 별을 떠도는 나는
너의 소리만을 기다리는
눈먼 자의 가슴이었다

4. 봄나들이 / 양상원

햇살이 튕기는 것이더냐
벚꽃잎이 떨어지는 것이더냐
오면 가는 세월이 덧없더냐

형형색색 오가는 상춘객들
꽃바람이 들었구나
산들바람이 들었구나

춘심에 배고픈 줄도 모르다가
길게 늘어선 음식집에 들어서니
홀로 온 손님 문전 박대에 망연자실

막걸리에 꽃술마저
야박한 인심에 돌아서더라도
지금쯤 고향엔 청보리가 자랄 테지

벚꽃
벚꽃길
목련

5. 벽의 후회 / 양상원

말랑하고 둥근 너를 던져
세차게 부딪혀 왔을 때
그저 나는 기계적으로 밀어냈다

세면 세차게 밀어내고
약하면 약하게 밀어내고
그저 밀어내고 밀어냈다

먼 길 떠난 후 나를 돌아보니
너를 다치지 않게 흡수해줄
스펀지가 없었다

그저 외풍만 막아줬을 뿐
부딪혀 온 너의 마음을 안아줄
따뜻한 부드러움이 부족했다

6. 오월의 아침 / 양상원

햇살 좋은 날
그림자가 지나간 자리에
덩그러니 홀로 남은 발자국들

빗방울로 태어나
꽃대마다 피어오르던 봄은
어느새 바람에 취해 떨어지고

길목마다 뿌연 안개구름은
오월의 얼굴을
솜털처럼 비비는 아침

토도독 빗소리 장단에
노란 민들레가
지나가는 시간을 잡고 있다

그 옛날 발그레 웃음 지으며
눈 맞춤하던 귀염둥이들
이젠 반듯한 어른이 되었겠지

7. 비 오는 휴일의 풍경 / 양상원

동틀 무렵부터 내리는 비는
이불 속에서 통통거리고
식탁에 부스스 앉은 수저는
달그락달그락 장단 맞춰 좋아라

자박자박 걷는 공원 옆으로
버스 불빛은 빵빵거리고
며칠 전 배달된 풍경화가
봄꽃으로 거실 벽에 걸렸다

주룩주룩
주르륵 죽죽
먹구름에 거칠어진 비
바람에 휘어져 내리는 비

그렇게 종일 비 내린다고
커피 향에 외로워 말자
노래 몇 곡에 청승도 떨지 말자
저 빗줄기 끝나면 다시 바빠질 테니

8. 그림자 일기 / 양상원

빚을 짊어지고 가던 시절은
가난의 그림자가
앞장서서 걸어가더니

빛을 마주 보고 가던 시절에는
근심의 그림자가
졸졸 뒤따라 왔었네

만년설처럼 정이 얼어붙은 자리에
그대를 심어 봄을 기다렸더니
꽃나비가 훨훨 날아올랐는데

청춘의 비용을 세월로 제하고 나니
텅 빈 인생 지갑에
달빛 그림자만 채워져 있네

9. 화살의 애원 / 양상원

들판을 가로지를 때
젖은 햇살이 눈부시었고
산등성이 넘어갈 때
지나는 바람도 꽃향기가 되었다.

조심히 입을 맞춘 후
팽팽하게 끌어당긴 완력에
숨죽이며 떨리던 가슴은
떠나야 할 운명을 직감하는 순간

바람을 가르며 당신과 멀어질 때
쫑긋거리는 토끼 한 마리
깃털 예쁜 장끼 한 마리
거칠게 숨을 거두게 될 터이니

덤불 속에 들짐승아
구름 속에 날짐승아
하늘빛으로 날아오르기 전에
멀리멀리 도망가거라

10. 유언 / 양상원

"견딜 수 없으면 발을 드세요"
원인을 몰라 찾은 병원에서
몸을 묶고 MRI 원통으로 들어간다

10초 20초 30초 되었을 때
엄습하는 폐소공포증
발을 몇 번이고 들어도 소식 없더니
새파래진 후에야 기계는 작동을 멈췄다

"다음 일정 잡아서 수면으로 하세요"
차가운 직원의 말에 안대를 달라고 했다
직원은 비웃듯 고개를 가로저었지만
결국 나는 안대를 한 채 다시 들어간다

사십 분 동안 유리관 안에 누운 나는
표현할 수 없는 답답함에
똑같은 노랫말만 되뇌고
되뇌고 또 되뇌인다

"나 죽으면 영안실에 넣지도 말고
삼배도 입히지 말고 묶지도 말고
삼 일간 침상에 뉘었다가
화장해서 바람에 훨훨 뿌려주오"

돌아오는 길 유언으로 하소연한다

11. 장마는 조금 어둡다 / 양상원

큰 빗방울이 뚝뚝 떨어지면
땡볕에 풀잎을 나르던 개미도
뒷머리에 팔을 얹은 채 누었을 테고

시냇가에서 몰려다니던 버들치도
불어난 흙탕물에 떠내려갈까
돌무더기에 숨었을 테지

바람 소리 덜컹거릴 때
비 내리고 내리고
주르르 죽죽 또 내리면

스멀스멀
잊고 살았던 얼굴들이
온통 장마에 떠밀려온다

애증의 세월도 한철이었으니
희뿌연 막걸리 한 사발에
파전을 앞혀놓고 인생을 잊으리라

12. 여정(旅程), 밀물과 썰물

밀물이 절정을 이루고 **빠져나간** 자리에
바닥을 드러낸 갯벌은 갈라지고
소금물로 자란 잡풀 곁에는
줄에 묶인 쪽배가 주저앉아있다

햇살이 쉬어 간 자리마다
유기물들이 비릿한 초상을 치르고 있고
물길을 가르던 망둥이들은
뭍에서 갈매기들과 눈치 싸움 중이다

화양연화(花樣年華)
인생의 어느 시절이 그 지점이었던가?

머물다 가는 바람에게 우주를 물어보며
허한 마음 읊조리고 나면
먼 바다 물길을 가로질러 온 용들이
갈라진 틈마다 생을 불어넣는다

죽어 있던 쪽배도 밧줄을 끊고
바다로 나가려 안간힘이다
그대처럼
아니 나처럼

그 계절이 지난 후에

발　　행	2024년 8월 15일
저　　자	양상원　최선자 송운용　윤말숙
발 행 인	양상원
발 행 처	시가 있는 마을회관
출 판 사	대한법률학원 / 02-2068-3488
출판사업국	서울시 영등포구 경인로 727 종도빌딩 3층

인 지
생 략

본서의 작품들은 지적재산권이 보호됩니다.

정가 11,000원